전치사

Miklish

아빠표 영어 구구단 1~4단을 익힌 뒤에
7단을 익혀야 쉽게 활용할 수 있습니다.

한 문장을 두 번에 나눠서
(전치사 앞에서 끊어서)
문제를 내주세요.

★ 시작하기 전에

'그 집 안에서'는 in the house,
'그 탁자에 닿아서'는 on the table임을 알려주고
하루~일주일 동안 수시로 반복해서 물어보세요.

예시) in the house / on the table
그 집 안에서는?: in the house (인 더 하우ㅆ)
그 탁자에 닿아서는?: on the table (온 더 테이블)

함께 고생한 딸
루나에게 감사드립니다

책을 집필할 수 있도록
다하를 봐주신 부모님과
어린이집 선생님들께 감사드립니다

(1) 3단에서 했었는데, '그는 그 음식을 놓는다'는? (He puts food)
2 '부엌'은 kitchen이야. ('부엌'이 뭐라고? kitchen)
3 '~안에서'는 'in'을 쓰는데 한국말과는 달리 '앞에' 붙여. '그 부엌 안에서'는 in the kitchen이야. ('부엌 안에서'가 뭐라고? in the kitchen)

4 그는 그 음식을 놓는다/ 그 부엌 안에서.

'그는 그 음식을 놓는다 그 부엌 안에서'를 한 번에 문제 내지 말고 끊어서 문제 내주세요. 1.그는 그 음식을 놓는다 (아이:He puts the food) 2.그 부엌 안에서 (아이: in the kitchen)

서로 알고 있는 것에는 the(그)를 붙인다. 그동안 a/an 붙이는 것은 많이 했으므로 이 책에서는 'the'만 붙인다. (the food, the kitchen)

He puts the food/ in the kitchen.

(1) 3단에서 했었는데, '그는 그 바이올린을 산다'는? (He buys the violin.)
2 가게는 shop이야. (가게가 뭐라고? shop)
3 '~안에서'는 'in'을 쓰는데 한국말과는 달리 '앞에' 붙여. 그 가게 안에서는 'in the shop'이야. (가게 안에서가 뭐라고? in the shop)

4 그는 그 바이올린을 산다/ 그 가게 안에서.

이 책(7단)에서는 헷갈릴까 봐 한정사는 'the'만 사용해.

He buys the violin/ in the shop.

p.4/5: 히 풑ㅊ 더 푸우ㄷ/인 더 키친 // 히 바이ㅈ 더 바이얼린/인 더 샵

(1) '그들은 그 고통을 느낀다'는? (They feel the pain)
2 '병원'은 hospital이야. ('병원'이 뭐라고? hospital)
3 ('병원'이 hospital이면), '그 병원 안에서'는? (in the hospital)

4 그들은 그 고통을 느낀다/ 그 병원 안에서.

1번에 괄호()가 있는 이유는, 이미 배운 것이라 잘하는 아이는 할 필요 없기 때문입니다.

They feel the pain/ in the hospital.

1 ('병원'이 hospital이면), '그 병원 안에서'는? (in the hospital)
2 '나는 그 병원 안에 있다'는? (I'm in the hospital)
3 '의사'가 doctor면 '그 의사들'은? (the doctors)

4 그 의사들은 그 병원 안에 있다는?

병원 안에 있는 행동을 하는 것일까? 아니면 병원 안에 있는 모습일까? (모습)

The doctors are in the hospital.

(1) '나는 그 도시를 고른다'는? (I pick the city)
2 '지도'는 map이야. ('지도'는? map)
3 '~에 닿게'는 on을 쓰는데 한국말과는 달리 '뒤에' 붙여. '그 지도에 닿아서'는 on the map이야. ('그 지도에 닿아서'는? on the map)

4 나는 그 도시를 고른다/ 그 지도에 닿아서.

한국어는 '~에서'로 다 통하지만, 영어에서는 항상 '안에서(in)'인지, 접촉해서(닿아서, on)인지, 옆에서(by)인지, 지점에서(at)인지를 구체적으로 말해야 해.

I pick the city/ on the map.

1 '그녀는 그 책을 가진다'는? (She has the book)
2 '탁자'는 table이야. ('탁자'는? table)
3 ('탁자'가 table이면), '그 탁자에 닿게'는? (on the table)

4 그녀는 그 책을 가진다/ 그 탁자에 닿게.

She has the book/ on the table.

to=~를 향해서   about=~에 대해서   at=~의 지점으로   for=~을 위해

1 '그녀는 그 그림을 건다'는? (She hangs the picture)
2 '벽'은 wall이야. ('벽'은? wall)
3 ('벽'이 wall이면), '그 벽에 닿게'는? (on the wall)

4 그녀는 그 그림을 건다/ 그 벽에 닿게.

She hangs the picture/ on the wall.

1 '그것은 그 탁자에 닿아 있다'는? (It's on the table)
2 '열쇠'는 key야. ('열쇠'는? key)

3 그 열쇠들은 그 탁자에 닿아있다.

The keys are on the table.

to=~를 향해서 about=~에 대해서 at=~의 지점으로 for=~을 위해

(1) '니는 나의 친구를 돕는다'는? (I help my friend)
2 '언덕'은 hill이야. ('언덕'은? hill)
3 ('언덕'이 hill이면), '그 언덕에 닿게'는? (on the hill)

4 나는 나의 친구를 돕는다/ 그 언덕에 닿은.

I help my friend/ on the hill.

 in=~안에서 on=~에 닿아서 on/in 1형식 on/in

(1) '나는 그 트럭을 운전한다'는? (I drive the truck)
2 '도로'는 road야. ('도로'는? road)
3 ('도로'가 road면), '그 도로에 닿게'는? (on the road)

4 나는 그 트럭을 운전한다/ 그 도로에 닿게.

street/road: road는 주로 도로, street는 길거리를 말해.

I drive the truck/ on the road.

p.12/13: 아이 헬(ㅍ) 마이 프렌ㄷ/온 더 힐 // 아이 ㄷ롸입(ㅂ) 더 ㅌ뤽(ㅋ)/온 더 로우ㄷ

(1) '나는 그 음식을 놓는다'는? (I put food)
2 '피자'는 pizza야. ('피자'는? pizza)
3 ('피자'가 pizza면), '그 피자에 닿게'는? (on the pizza)

4 나는 그 음식을 놓는다/ 그 피자에 닿게.

I put the food/ on the pizza.

in=~안에서 on=~에 닿아서 on/in 1형식 on/in

1 '너는 그 쌀을 먹는다'는? (You eat rice)
2 '집'은 house야. ('집'은? house)
3 ('집'이 house면), '그 집 안에서'는? (in the house)

[4] 너는 그 쌀을 먹는다/ 그 집 안에서.

house/home: house는 실제 집을 의미하고, home은 때때로 실제 집이 아니라 '가정'을 의미해.

You eat the rice/ in the house.

(1) '나는 그 고통을 느낀다'는? (I feel the pain)
2 '손가락'은 finger야. ('손가락'은? finger)
3 ('손가락'이 finger면), '나의 손가락에 닿게'는? (on my finger)

4 나는 그 고통을 느낀다/ 나의 손가락에 닿은.

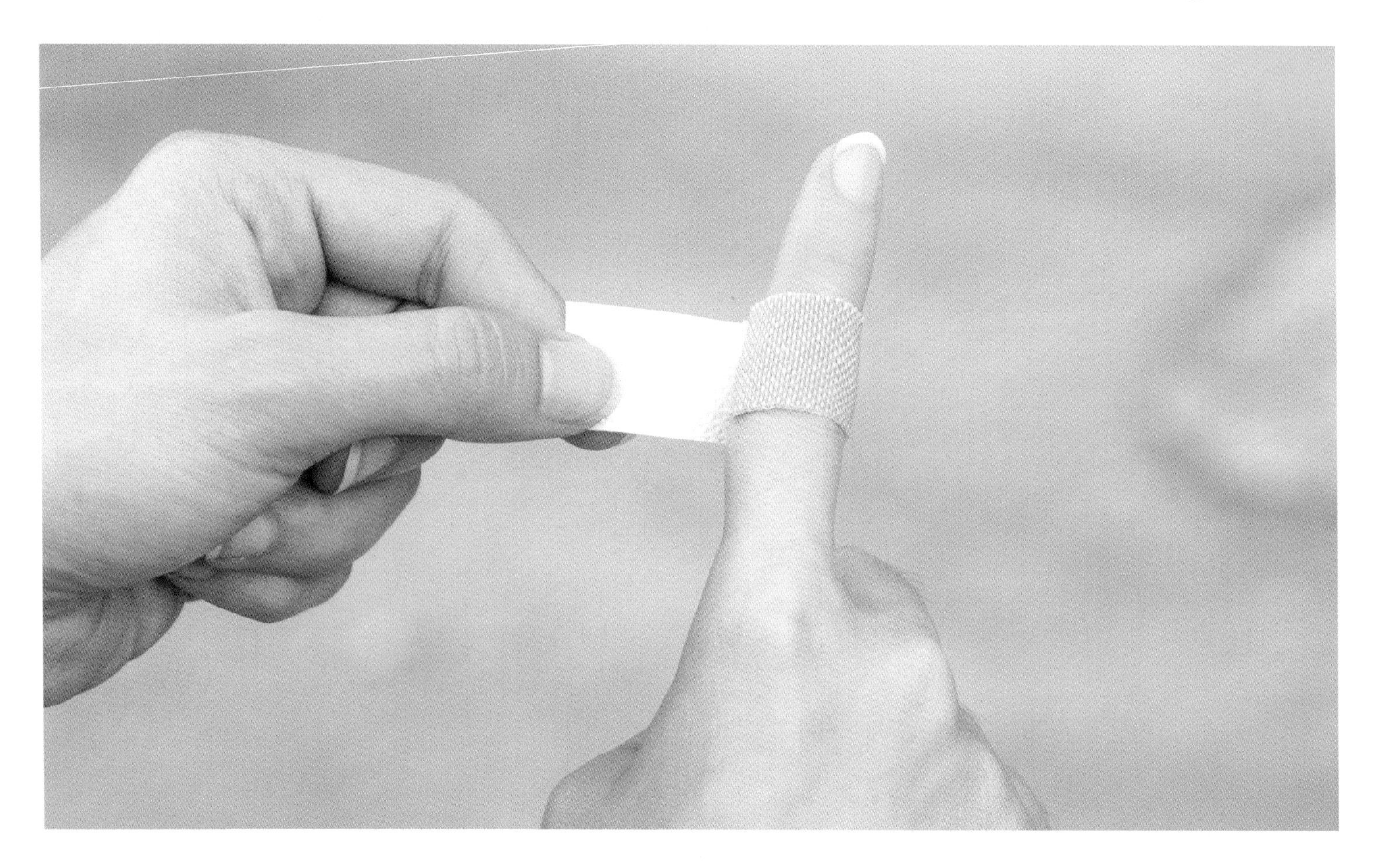

I feel the pain/ on my finger.

(1) '그녀는 그 고통을 느낀다'는? (She feels the pain)
2 '머리'는 head야. ('머리'는? head)
3 ('머리'가 head면), '그녀의 머리 안에서'는? (in her head)

4 그녀는 그 고통을 느낀다/ 그녀의 머리 안에서.

She feels the pain/ in her head.

1 '의자'가 chair면 '그 의자'는? (the chair)
2 '나는 그 의자에 닿아있다'는? (I'm on the chair)
3 '왕'이 king이면 '그 왕'은? (the king)

4 그 왕은 그 의자에 닿아있다는?

The king is on the chair.

 in=~안에서 on=~에 닿아서 on/in 1형식 on/in

1 '컵'이 cup이면 '그 컵'은? (the cup)
2 '나는 그 컵 안에 있다'는? (I'm in the cup)
3 '개'가 dog면 '그 개'는? (the dog)

4 그 개는 그 컵 안에 있다는?

The dog is in the cup.

to=~를 향해서 about=~에 대해서 at=~의 지점으로 for=~을 위해

1 '앉는다'는 sit이야. (따라 해봐 sit) / '앉는다'가 뭐라고? (sit)
2 '(다 큰 성인) 남자'는 man이야. (따라 해봐 man) / '남자'가 뭐라고? (man)
3 '그 남자가 앉는다'는? (He sits)
4 '의자'가 chair면, '그 의자에 닿아서'는? (on the chair)

5 그 남자는 앉는다/ 그 의자에 닿아서.

The man sits/ on the chair.

1 '걷는다'는 walk야. (따라 해봐 walk) / '걷는다'가 뭐라고? (walk)
2 '(다 큰 성인) 여자'는 woman이야. (따라 해봐 woman) / '여자'가 뭐라고? (woman)
3 '그 여자가 걷는다'는? (The woman walks)
4 '비'가 rain이면, '그 빗속에서'는? (in the rain)

5 그 여자는 걷는다/ 그 빗속에서.

The woman walks/ in the rain.

1 '머물다'는 stay야. (따라 해봐 stay) / '머물다'가 뭐라고? (stay)
2 '그들은 머무른다'는? (They stay)
4 '호텔'이 hotel이면, '그 호텔 안에서'는? (in the hotel)

5 그들은 머무른다/ 그 호텔 안에서.

They stay/ in the hotel.

1 '살다'는 live야. (따라 해봐 live) / '살다'가 뭐라고? (live)
2 '그들은 산다'는? (They live)
4 '나무'가 tree이면, '그 나무에 닿아서'는? (on the tree)

5 그들은 산다/ 그 나무에 닿아서.

They live/ on the tree.

to=~를 향해서 about=~에 대해서 at=~의 지점으로 for=~을 위해

1 '가다'는 go야. (따라 해봐 go) / '가다'가 뭐라고? (go)
2 '그들은 간다'는? (They go)
3 어떤 방향으로 가서 도착할 때 to를 써. 뜻은 '~를 향해서', '학교'가 school이면, '그 학교를 향해서'는? (to the school)

4 그들은 간다/ (그) 학교를 향해서.

'공부하러 간다'는 의미일 때는 the를 빼고 쓰는 것이 맞지만, 학교라는 건물로 간다고 할 때는 the를 써.

They go/ to (the) school.

1 '달리다'는 run이야. (따라 해봐 run) / '달리다'가 뭐라고? (run)
2 '그들은 달리다'는? (They run)
3 어떤 방향으로 가서 도착하면 to를 써. 뜻은 '~를 향해서', '식당'이 restaurant이면, '그 식당을 향해서'는? (to the restaurant)

4 그들은 달린다/ 그 식당을 향해서.

They run/ to the restaurant.

to=~를 향해서 about=~에 대해서 at=~의 지점으로 for=~을 위해

1 '말한다'는 speak야. (따라 해봐 speak) / '말한다'가 뭐라고? (speak)
2 '그는 말한다'는? (He speaks)
3 '그를'이 him이면, '그를 향해서'는? (to him)

4 그는 말한다/ 그를 향해서.

speak/say/talk/tell: 입에서 소리가 나는 행동 자체는 speak를, 말의 의미는 say, 대화는 talk, 이야기를 들려줄 때는 tell을 써.

He speaks/ to him.

1 '준다'는? (give)
2 '편지'는? (letter)
3 '그는 그 편지를 준다'는? (He gives the letter.)
4 '그녀를'이 her이면, '그녀를 향해서'는? (to her)

5 그는 그 편지를 준다/ 그녀를 향해서.

He gives the letter/ to her.

to=~를 향해서 about=~에 대해서 at=~의 지점으로 for=~을 위해

1 '대화하다'는 talk이야. (따라 해봐 talk) / '대화하다'가 뭐라고? (talk)
2 '그들은 대화한다'는? (They talk)
3 어떤 것의 주변에 대해 말할 때는 about을 써. 뜻은 '~에 대해서', '그에 대해서'는 about him. / '그에 대해서'는? (about him)

4 그들은 대화한다/ 그에 대해서.

그를 말하는 것이 아니라, 그와 관련된 것들에 대해 말하기 때문에 about을 써.

They talk/ about him.

1 '걱정하다'는 worry야. (따라 해봐 worry) / '걱정하다'가 뭐라고? (worry)
2 '그들은 걱정한다'는? (They worry)
3 어떤 것의 주변에 대해 말할 때는 about을 써. 뜻은 '~에 대해서', 그녀에 대해서는 about her. / 그녀에 대해서는? (about her)

4 그들은 걱정한다/ 그녀에 대해서.

그녀를 걱정하는 것이 아니라, 그녀와 관련된 것들에 대해 걱정하니까 about을 써.

They worry/ about her.

1 '보다(정확히는 눈을 향한다)'는 look이야 (따라 해봐 look) / '보다'가 뭐라고? (look)
2 '그들은 본다'는? (They look)
3 점으로 찍어서 가리킬 때는 at을 써, 뜻은 '~의 지점으로'. '우리의 한 지점으로'는 at us / '우리의 한 지점으로'는? (at us)

4 그들은 본다/ 우리의 한 지점으로/ 그 집 안에서.

They look/ at us/ in the house.